coleção fábula

PHILIPPE DESCOLA

OUTRAS NATUREZAS, OUTRAS CULTURAS

TRADUÇÃO
CECÍLIA CISCATO

editora■34

OUTRAS NATUREZAS,
OUTRAS CULTURAS

CONFERÊNCIA PRONUNCIADA EM 3 DE FEVEREIRO DE 2007
NO TEATRO DE MONTREUIL, NOS ARREDORES DE PARIS,
E SEGUIDA DE UMA SESSÃO DE PERGUNTAS E RESPOSTAS.

À primeira vista, poderíamos pensar que não há dificuldade em distinguir o que diz respeito à natureza do que diz respeito à cultura. É natural tudo que se produz sem a ação humana, aquilo que existiu antes do homem e que existirá depois dele, como os oceanos, as montanhas, a atmosfera e as florestas; é cultural tudo que é produzido pela ação humana, sejam objetos, ideias ou ainda certas coisas que estão a meio caminho entre os objetos e as ideias, aquilo que chamamos de instituições: um idioma, a Constituição francesa ou o sistema escolar, por exemplo. Se saio para passear pelo campo e atravesso um bosque, estou em meio à natureza. Mas se ouço um avião que passa sobre mim ou um trator nas proximidades, então esses são objetos fabricados e utilizados pelos homens, objetos, portanto, que pertencem à cultura. No entanto, essa distinção nem sempre é tão simples assim. Durante meu passeio, margeio uma cerca viva de plantas selvagens, espinheiros, aveleiras, amelanqueiros e rosas silvestres. Posso dizer que se trata de uma cerca natural, ao contrário das estacas de madeira que limitam o terreno vizinho. Mas essa cerca também foi fincada, talhada, cuidada pelo homem e, se lá está, é para separar dois terrenos conforme os limites estabelecidos pelo cadastro, dois terrenos que pertencem a proprietários distintos. A cerca é, também ela, o produto de uma atividade técnica, isto é, de uma atividade cultural. Por ter uma função legal, tem também uma função cultural.

A maior parte dos objetos que nos rodeiam, incluindo nós mesmos, encontram-se nesta situação intermediária: são naturais e culturais ao mesmo tempo. Estou com fome: eis uma necessidade natural que eu não posso controlar e que me levará à morte se não a satisfizer. Mas existem mil maneiras de satisfazer minha fome, e adotar uma maneira ao invés de outra, me alimentar preferencialmente de um certo tipo de refeição, e não de outro, tudo isso faz parte de uma escolha cultural. Apesar dessas interseções e dessas zonas de sombra entre o que é natural e o que é cultural, parece que não hesitamos muito quando se trata de qualificar os objetos que nos cercam como pertencentes à natureza ou à cultura. Meu gato ou meu cachorro fazem parte da família, como se costuma dizer, mas apesar disso eles não têm os mesmos direitos que os membros humanos da minha família. Eles não têm representantes no parlamento, não se beneficiam de seguro de saúde e tampouco são responsáveis pelos seus atos. Se meu cachorro morde o vizinho, serei eu a ser punido pela lei, não o meu cachorro. Podem exigir que ele seja sacrificado, mas isso seria uma medida de segurança pública, e não uma punição dirigida ao cachorro. Resumindo, entre os humanos e os não humanos existe uma diferença importante: os humanos são sujeitos que possuem direitos por conta de sua condição de homens, ao passo que os não humanos são objetos naturais ou artificiais que não têm direitos por si mesmos. Essa forma de pensar, que nos ensinam na escola e que parece ter a evidência do bom senso, talvez seja, afinal de contas, o modo mais comum de se fazer a distinção entre natureza e cultura.

Contudo, a ciência que pratico, a antropologia, desconfia muito do bom senso. Ao contrário do que dizia o filósofo Descartes, o bom senso não é a coisa mais bem distribuída do mundo. Os antropólogos concordariam mais com um contemporâneo de Descartes, o grande filósofo e matemático Pascal, que dizia o seguinte: "Verdade deste lado dos Pireneus, erro do outro lado". Em outras palavras, os hábitos que são normais na França não o são na Espanha, e vice-versa.

Cabe à antropologia fazer o inventário dessas diferenças e tentar explicar suas razões. Para fazer o inventário, é necessário ir ao encontro das pessoas e observar seus costumes, suas formas de fazer, de dizer; é necessário compartilhar sua vida cotidiana durante vários anos, aprender aquilo que sabem, compreender aquilo que fazem. Em suma, é preciso praticar a etnografia. Assim, os antropólogos são também etnógrafos ou etnólogos, digamos. Todo antropólogo também é ou foi um etnógrafo. Essa é uma boa iniciação ao problema que a antropologia aborda, isto é, o problema de compreender as diferenças culturais. Afinal, não importa a comunidade com que você escolhe conviver durante algum tempo — seja ela em seu próprio país ou bem longe da sua casa —, os hábitos dessa comunidade serão obrigatoriamente diferentes dos seus, mais ou menos diferentes conforme a distância que você percorrer. A partir daí, na tentativa de se identificar com os que têm um modo de existência distinto do seu para compreendê-los melhor, do interior, dividindo suas alegrias e tristezas e as razões que alegam para fazer o que fazem, você será necessariamente levado, por contraste, a questionar a evidência dos hábitos de vida de sua própria comunidade. Você se tornará um pouco diferente e, dependendo do tempo que passar longe de casa, poderá se tornar quase estrangeiro ao que era antes. Você questionará certas evidências que pareciam inerentes ao bom senso em sua comunidade de origem.

Foi exatamente assim que eu comecei a questionar o que me parecia tão evidente a propósito da diferença entre os humanos e os não humanos, entre os seres que, segundo nós, pertencem à natureza e os seres que pertencem à cultura. Isso aconteceu há uns trinta anos, na alta Amazônia, na fronteira do Equador com o Peru. Eu tinha ido para lá estudar os índios conhecidos do grande público pelo nome de jivaros, mas que se autodenominam achuar. Achuar quer dizer "o povo da palmeira d'água", já que vivem numa região da floresta tropical salpicada de pântanos, onde a palmeira d'água cresce em abundância. Sem contato regular com o mundo exterior, eles moravam nessa densa floresta tropical, não em vilarejos, mas sim dispersos, em grandes casas isoladas, cobertas por folhas de palmeira. Os homens caçavam com zarabatanas ou fuzis, pescavam nos rios, e as mulheres cuidavam dos jardins em clareira que rodeavam as casas, colhendo plantas cultivadas na Amazônia, como a mandioca, a batata-doce, o inhame, a papaia e o amendoim. Levei quase um ano para conseguir me virar na língua deles, que é uma língua difícil e não ensinada na universidade. Foi então preciso aprendê-la *in loco*. À medida que entendia cada vez melhor o que eles diziam, meu espanto diante de sua maneira de pensar só crescia. Especialmente quando eles falavam a respeito de seus sonhos. Os achuar se levantam muito cedo, por volta das três ou quatro da manhã, mas vão dormir também muito cedo, pois às seis e meia já é noite no Equador, e às oito horas todo mundo está dormindo. Pouco antes do amanhecer, eles se reuniam ao redor de uma fogueira para decidir o que fariam durante o dia em função daquilo que haviam sonhado à noite. Na maior parte das vezes, interpretavam os sonhos segundo regras simples, baseadas geralmente na inversão entre a imagem sonhada e a indicação que podiam extrair dessa imagem. Por exemplo, sonhar que pescavam um peixe era um bom sinal para ir à caça e, ao contrário, sonhar que matavam um caititu era um bom sinal para ir à pesca. Mas outros sonhos eram interpretados de maneira bem mais estranha.

Certa vez, por exemplo, um achuar me contou que havia visto em sonho um homem recentemente morto, todo ensanguentado. O homem o criticava por ter atirado nele — muito embora isso não tivesse acontecido. Na véspera, no entanto, o achuar havia ferido um pequeno cervo durante a caça. Na comunidade dos achuar, acredita-se que a alma dos mortos se incorpora em diferentes animais, entre os quais os cervos, razão pela qual sua caça é proibida. O homem havia infringido essa interdição.

Em outra ocasião, foi um rapaz que se apresentou ao sonhador como sendo seu cunhado, dizendo a ele que no dia seguinte iria dançar com suas irmãs à beira de um lago. De fato, segundo a interpretação que me foi dada, tratava-se de um macaco-prego que, sob forma humana, dava indicações de caça, já que os achuar caçam macacos. Alimentam-se de caititus, macacos, tucanos... é um pouco triste para quem gosta de macacos e de tucanos, mas nessa região são esses os animais de caça que os índios consomem, como é o caso, aliás, em todo o resto da Amazônia. O macaco-prego indicava ao sonhador, portanto, o lugar onde ele poderia ser caçado. Isso é muito curioso!

Outra vez, uma mulher me contou que havia visto em sonho garotinhas reclamando que estavam tentando envenená-las. Ela interpretou esse sonho dizendo que os pés de amendoim haviam tomado aparência humana para se queixar de terem sido plantados perto demais de uma moita de *barbasco*. Em toda a região, *barbasco* é o nome espanhol que se dá a um veneno vegetal empregado na pesca para asfixiar os peixes.

Sempre que eu perguntava aos achuar por que os cervos, o macaco-prego e as plantas de amendoim apareciam sob forma humana nos seus sonhos, eles me respondiam, surpresos com a ingenuidade de minha pergunta, que a maior parte das plantas e dos animais são pessoas como nós. Nos sonhos, podemos vê-los sem suas fantasias animais ou vegetais, ou seja, como humanos. Os achuar dizem, de fato, que a grande maioria dos seres da natureza possuem uma alma análoga à dos humanos, que lhes permite pensar, raciocinar, ter sentimentos, comunicar-se à maneira dos humanos e, sobretudo, fazer que vejam a si mesmos como humanos, apesar da aparência animal ou vegetal. É por isso que os achuar dizem que as plantas e os animais, em grande parte, são pessoas: sua humanidade é moral, repousa sobre a ideia que fazem de si próprios; não é uma humanidade física que repousaria sobre a aparência que têm aos olhos do outro.

Há pouco, quando falei sobre as plantas e os animais, empreguei a expressão "seres da natureza". Mas essa expressão não faz o menor sentido para os achuar. Os seres que são concebidos e tratados como pessoas, que têm pensamentos, sentimentos, desejos e instituições em tudo parecidos com os humanos, não são mais seres naturais. Os achuar desconhecem essas distinções, que me pareciam tão evidentes, entre os humanos e os não humanos, entre o que pertence à natureza e o que pertence à cultura. Em outras palavras, meu senso comum não tinha nada a ver com o deles. Quando observávamos as plantas e os animais, não víamos a mesma coisa.

Desse ponto de vista, os achuar não têm nada de excepcional. É claro que eles me ensinaram muito e revolucionaram meu modo de ver as coisas, mas sociedades como as deles já foram descritas em outros lugares, especialmente em outras partes da Amazônia. Para as centenas de tribos amazônicas, que falam línguas diferentes, os não humanos também são pessoas que participam da vida social, pessoas com quem podemos estabelecer relações de aliança ou, ao contrário, relações de hostilidade e de competição. Essa forma de ver o que chamamos natureza como algo idêntico à sociedade dos homens também não é uma característica exclusiva da Amazônia.

O etnólogo inglês Adrian Tanner, que viveu entre os índios cri no norte do Quebec, relatou o que observou em um vilarejo indígena há uns trinta anos. Um ancião muito respeitado havia morrido pouco tempo antes, e muitos parentes vieram para o funeral. Alguns deles, bem jovens, ao verem um ganso selvagem voar em torno do vilarejo e pousar diversas vezes próximo à casa do defunto, foram buscar um fuzil para tentar matá-lo. Bem na hora em que iam atirar, um homem maduro os impediu, dizendo-lhes que o ganso era, na realidade, um amigo do morto, e que ele também estava chorando a morte do amigo.

De fato, com o passar do tempo, certos caçadores cri desenvolvem uma relação privilegiada com um animal de uma certa espécie, e esse animal é como um amigo. Ele é também um embaixador junto aos outros membros de sua espécie, persuadindo-os a se aproximar de seu amigo caçador para que este possa atirar com mais facilidade. Com a morte do caçador, seu amigo animal fica de luto, e é importante não deixar que ele se vá, pois levaria consigo todos os outros membros de sua espécie e, então, não sobraria mais nada para caçar nas proximidades do vilarejo. Do mesmo jeito que os índios da Amazônia, os índios do Grande Norte canadense consideram a maioria dos animais como pessoas que possuem uma alma e, portanto, dotadas de diversas qualidades humanas, em particular o senso de solidariedade, de amizade e de respeito aos mais velhos. Para os cri, a diferença entre os animais e os homens é mera questão de aparência, uma ilusão dos sentidos baseada no fato de que o corpo dos animais é um tipo de fantasia que vestem quando os humanos estão por perto, a fim de enganá-los sobre sua verdadeira natureza. Em compensação, quando os animais visitam os índios nos sonhos — e isso também acontece entre os achuar —, eles se revelam tal como são de verdade, isto é, na sua forma humana.

Quanto ao fato de o amigo animal atrair os membros de sua própria espécie para que os caçadores possam matá-los mais facilmente, bem, isso não tem nenhuma consequência, uma vez que as vítimas dos caçadores logo reencarnam em um animal da mesma espécie. Nisso, os cri seguem um princípio muito propagado entre os índios do Grande Norte: os animais são tomados de compaixão pelo caçador, têm dó dele. Não podemos nos esquecer que até muito recentemente, antes de o sistema de proteção social canadense permitir que os índios do Grande Norte recebessem subsídios, os animais de caça eram sua principal fonte de alimentação. É então por um ato de generosidade que os animais oferecem seu corpo aos homens, para que estes possam se alimentar.

Essa maneira de tratar plantas e animais como pessoas ou sujeitos ao invés de objetos não é uma exclusividade dos índios da América. É o que mostra uma outra historieta, dessa vez contada por um missionário, o padre Kemlin, que viveu junto aos reungao, nos planaltos do Vietnã central. O caso relatado por ele aconteceu no início do século XX e diz respeito a uma mulher reungao chamada Oih. Imaginem uma casa tradicional, com teto de palha e uma sacada debruçada sobre a floresta ao redor. Certa noite, na entrada da casa, ela batia arroz no pilão quando um tigre começou a se debater ali por perto, engasgado com um resto de osso preso na garganta. Num dos pulos prodigiosos que o tigre dava para tentar se livrar do osso entalado, ele acabou alcançando a entrada da casa. É claro que, apavorada, a mulher que batia arroz largou o pilão, que caiu bem na cabeça do tigre. Com o sobressalto, ele se livrou do osso que o estrangulava. Foi-se embora todo contente, conta-nos o missionário. Na noite seguinte, a mulher reviu o tigre em sonho, que disse a ela: "Nós teremos uma amizade de pai para filha". A mulher respondeu: "Eu não ousaria! Quem seria assim tão audacioso a ponto de propor tal coisa, senhor tigre?". "Muito pelo contrário", respondeu o tigre, "sou eu que tenho receio de receber um não de sua parte." Os dois rivalizavam em cortesias. No dia seguinte, quando estava na floresta, a mulher encontrou novamente o tigre em carne e osso, carregando um javali nas costas. Na mesma hora em que a viu, ele largou a presa, dividiu-a em dois, lançou-lhe uma metade e seguiu seu caminho, levando a outra metade. O missionário acrescenta: "Não foi a única vez que essa mulher gozou de tais benefícios, pois a partir daquele dia bastava que fosse à floresta para encontrar restos de cervos ou de veados deixados pelo seu pai adotivo". O missionário nos diz que o pacto travado entre Oih e o tigre é um tipo de contrato bem específico — *krao con bă* na língua reungao —, uma das muitas formas de aliança que os reungao podem estabelecer com humanos ou com não humanos.

É como se fechássemos um contrato de locação ou de venda com o nosso gato ou nosso cachorro. Esses contratos comportam obrigações para ambas as partes. Em outras palavras, temos aqui mais um exemplo de pessoas que acham absolutamente normal travar com animais certas relações que, para nós, são reservadas apenas aos humanos.

Isso nos faz questionar nossa maneira de conceber a relação dos humanos com os animais e as plantas. Somos tentados a achar que essa maneira de pensar é universal, mas, evidentemente, ela não é. Isso não quer dizer que, fora do Ocidente — da Europa a partir do século XVII e, em seguida, da América do Norte —, os não humanos foram sempre tratados como pessoas. Outros casos mostram que existem relações muito peculiares com os não humanos, totalmente diferentes daquelas que acabamos de ver.

Vejamos, por exemplo, o caso dos aborígines australianos. Embora estejam divididos em centenas de tribos que falam línguas diferentes, todos os aborígines australianos têm em comum o fato de se organizar segundo um mesmo sistema de grupos totêmicos, cujas regras de composição são idênticas em toda parte. Um grupo totêmico é um conjunto de homens, mulheres, plantas e animais que, como dizem na Austrália, pertencem a uma mesma espécie, o que nos parece estranho, já que seus corpos são muito diferentes entre si. Apesar da diversidade de aparência, são considerados membros de uma mesma espécie por possuírem, todos, as mesmas qualidades morais e físicas. Essas qualidades são definidas de maneira abstrata o bastante para que possam se aplicar à totalidade dos membros da classe totêmica, sejam eles humanos ou não humanos. Elas caracterizam, por exemplo, o comportamento: os membros de uma certa espécie são mais lentos que ativos, mais empreendedores que indolentes. Caracterizam também o temperamento — mais colérico que calmo, mais alegre que melancólico —, além da forma — grande ou pequena, maciça ou esguia, arredondada ou angulosa —, da consistência — mole ou rígida, flexível ou dura — e, por fim, da cor — mais clara ou mais escura. Com esse sistema, pode-se dizer que certos homens, mulheres, insetos, pássaros, répteis, marsupiais, arbustos e peixes fazem parte de uma mesma espécie totêmica, já que todos são vivazes, grandes, esguios, angulosos, de cor escura e mais para rígidos e agressivos. A despeito da diferença de forma, eles possuem as mesmas características que derivariam do totem — habitualmente representado por um animal que dá nome ao grupo totêmico. Mas o totem não é de fato um ancestral, ele é antes um protótipo.

Mas, afinal, o que vem a ser um protótipo? É um molde que serve para fazer cópias idênticas, só que, nesse caso, não se trata de um molde que reproduz formas exatas como faria uma fôrma de bolo, mas sim um molde que reproduz qualidades, um pouco à maneira do código genético que transmite características físicas de pais para filhos. Como isso funciona? Antigamente, dizia-se que os totens tinham saído das entranhas da terra e que haviam passado por todo tipo de aventuras com outros totens antes de retornar para o interior da terra. Porém, na hora da partida, acabaram deixando aqui modelos de si mesmos sob a forma de pequenos espíritos, em geral invisíveis, que desde então habitam os lugares onde os totens os depositaram, em montes rochosos, charcos, cavernas ou mesmo em lugares famosos como o Uluru. Uluru é o nome que se dá na Austrália ou, mais precisamente, o nome dado pela tribo anangu ao lugar que talvez vocês conheçam pelo nome de Ayer's Rock. É um grande monólito de arenito vermelho, e um importante sítio totêmico para os anangu. Para que um novo membro da classe totêmica possa começar a existir, um desses pequenos espíritos deve encarnar no ventre da mãe, se for um mamífero, ou no ovo, no caso de um pássaro, um réptil ou um peixe, ou ainda na semente, se for uma planta. Assim, cada exemplar da classe totêmica, seja qual for sua forma particular, é uma cópia das qualidades do molde totêmico. Isso explica por que, ao contrário do que se dá com os índios da Amazônia, do norte do Canadá ou das tribos das montanhas do Vietnã, os aborígines não tratam os não humanos como pessoas. Para um caçador australiano do totem canguru, um canguru não é um parceiro social, como ele seria para um índio da Amazônia, com quem pode até fechar um contrato. O canguru é antes uma espécie de réplica do próprio caçador, mas sob outra aparência. Matar e comer um canguru não causa nenhum prejuízo à qualidade canguru, que define tanto o caçador que pertence a esse totem como o canguru que ele caça. Cada um à sua maneira, o caçador do totem canguru e o canguru não passam de encarnações provisórias das qualidades provenientes do molde canguru. Como não temos o hábito de raciocinar dessa maneira, temos muita dificuldade de entender tudo isso.

No entanto, uma eventual destruição do sítio canguru onde os pequenos espíritos se encarnam para fabricar humanos pertencentes ao totem canguru — os próprios cangurus ou ainda todos os outros seres que também dependem do mesmo totem — impediria que eles se perpetuassem, condenando assim à extinção humanos e não humanos. Isso explica por que os aborígines tentam proteger seus direitos sobre esses sítios nos tribunais da Austrália, buscando assim evitar sua possível destruição. É por isso que não temos o direito de visitar Ayer's Rock, por exemplo. Antes era permitido, mas hoje é proibido. Não se trata para eles de proteger lugares sagrados, como seriam para nós a basílica de Saint-Denis ou o monte Saint-Michel, lugares que encarnam uma parte da história da França e de sua identidade coletiva. Também não se trata de proteger lugares típicos contra a urbanização que ameaça desfigurá-los, como também se faz na França: proíbe-se, por exemplo, a construção em cidades, bairros ou paisagens tombados pelo patrimônio histórico. Para os aborígines australianos, trata-se, antes de mais nada, de proteger a própria fonte de sua vida e de sua descendência. Esses sítios são lugares onde estão plantadas as sementes perfeitamente concretas que permitem que os seres vivos de diferentes espécies possam se reproduzir tal como são. Desse ponto de vista, os sítios totêmicos não são lugares sagrados no sentido tradicional do termo; é preferível entendê-los como um tipo de incubadora onde dormem as gerações futuras de homens, plantas e animais, e não como lugares marcados pelo respeito religioso, como é o caso da gruta de Lourdes ou de Meca.

Seja como for, está claro que a distinção entre o que seria natural e o que seria cultural não faz o menor sentido para os aborígines australianos. Afinal de contas, no mundo deles, tudo é natural e cultural ao mesmo tempo. Para que se possa falar de natureza, é preciso que o homem tome distância do meio ambiente no qual está mergulhado, é preciso que se sinta exterior e superior ao mundo que o cerca. Ao se extrair do mundo por meio de um movimento de recuo, ele poderá perceber este mundo como um todo. Pensando bem, entender o mundo como um todo, como um conjunto coerente, diferente de nós mesmos e de nossos semelhantes, é uma ideia muito esquisita. Como diz o grande poeta português Fernando Pessoa, vemos claramente que há montanhas, vales, planícies, florestas, árvores, flores e mato, vemos claramente que há riachos e pedras, mas não vemos que há um todo ao qual isso tudo pertence, afinal só conhecemos o mundo por suas partes, jamais como um todo. Mas, a partir do momento em que nos habituamos a representar a natureza como um todo, ela se torna, por assim dizer, um grande relógio, do qual podemos desmontar o mecanismo e cujas peças e engrenagem podemos aperfeiçoar. Na realidade, essa imagem começou a ganhar corpo relativamente tarde, a partir do século XVII, na Europa. Esse movimento, além de tardio na história da humanidade, só se produziu uma única vez. Para retomar uma fórmula muito conhecida de Descartes, a quem fiz referência há pouco, o homem se fez então "mestre e senhor da natureza". Resultou daí um extraordinário desenvolvimento das ciências e das técnicas, mas também a exploração desenfreada de uma natureza composta, a partir de então, de objetos sem ligação com os humanos: plantas, animais, terras, águas e rochas convertidos em meros recursos que podemos usar e dos quais podemos tirar proveito. Naquela altura, a natureza havia perdido sua alma e nada mais nos impedia de vê-la unicamente como fonte de riqueza.

Faz pouco tempo que começamos a ter a medida do preço extremamente alto que será preciso pagar pela exploração imoderada de nosso meio ambiente, com a poluição crescente do solo, do ar, da água e também dos organismos vivos, com o desaparecimento acelerado de inúmeras espécies de plantas e animais, com as consequências dramáticas do aumento do efeito estufa sobre o planeta. Em outros lugares do mundo, muitas culturas não seguiram o mesmo caminho, não isolaram a natureza como se ela fosse um domínio à parte, exterior, onde toda causa pode ser estudada cientificamente e onde tudo pode ser rentabilizado a serviço dos homens. Isso não significa que essas culturas tenham evitado desastres ecológicos. Os índios das planícies da América do Norte, por exemplo, massacraram muitos bisões e cervos da Virgínia na segunda metade do século XVII e nos séculos XVIII e XIX. Mas esses massacres não serviam para garantir a subsistência dos próprios índios, e sim para fornecer carne aos colonos brancos, à medida que a fronteira avançava.

Casos similares são encontrados em outras partes do mundo, geralmente em situações de contato entre civilizações, quando uma técnica ou um novo contexto econômico ainda mal compreendido subvertia os antigos hábitos. Foi esse o caso entre os índios das planícies com a chegada dos fuzis. É claro que essas armas eram muito mais eficazes que os arcos e flechas empregados antes, mas o sistema foi sobretudo subvertido pela introdução de um mercado de alimentos. Pois o mercado de alimentos é uma invenção relativamente recente. Durante grande parte da história da humanidade, os gêneros alimentícios não eram vendidos nem comprados em um mercado, o que ainda hoje acontece em certas regiões do mundo. As pessoas produziam elas mesmas sua alimentação; apenas bens de prestígio — joias e armas — circulavam por meio de trocas. Quando os índios das planícies se viram presos a esse sistema de mercado, mataram muitos bisões e cervos da Virgínia para provê-lo.

Isso dito, apesar desses desastres ecológicos, é preciso reconhecer que, ao manter relações de cumplicidade e de interdependência com os habitantes não humanos do mundo, diversas civilizações que por muito tempo chamamos de "primitivas" (o termo não é muito correto) souberam evitar essa pilhagem inconsequente do planeta a que os ocidentais se entregaram a partir do século XIX. Quem sabe essas civilizações possam nos indicar uma saída para o impasse no qual nos encontramos agora. Elas jamais imaginaram que as fronteiras da humanidade coincidissem com os limites da espécie humana e, a exemplo dos achuar e dos cri, não hesitam em convidar ao coração de sua vida social a mais modesta das plantas, o mais humilde dos animais. Poderíamos dizer que a antropologia não tem por missão propor modos alternativos de vida, e seria um engano pensar que hoje é possível adotar, nos países industrializados, uma forma de viver em harmonia com a natureza que se inspirasse diretamente nos índios da Amazônia. Os achuar, com quem eu vivi, não praticam a agricultura intensiva, não consomem petróleo, carvão ou energia nuclear. Suas necessidades são bastante limitadas, e seus dejetos são integralmente recicláveis. O plástico, por exemplo, não existe entre eles. Nossos problemas não são os mesmos que os deles, são de escala e de natureza muito diferentes. Em compensação, o conhecimento que temos de todos esses povos que, como os achuar e os cri, não veem seu meio ambiente como algo exterior a eles próprios — esse conhecimento nos fornece uma maneira de tomar distância do presente para melhor tentar enfrentar o futuro. Pois é muito difícil extrair-se do cotidiano, dos hábitos de pensamento, das rotinas, das instituições que regem nossa vida e sem as quais mal podemos nos imaginar. Um modo de vida como o dos achuar e a forma como concebem as plantas e os animais parecem-nos estranhos, afinal estamos tão profundamente submersos em nossas próprias crenças que tendemos a considerar as alheias com certo desdém e ironia divertida. Contudo, a antropologia nos mostra que o que nos parece eterno, este presente no qual estamos agora trancafiados, é apenas uma entre milhares de outras maneiras já descritas de se viver a condição humana. Assim, mesmo que a solução que queremos para o futuro — algum modo diferente de conviver entre humanos, bem como entre humanos e não humanos — ainda não exista, resta-nos ao menos a esperança de inventar maneiras originais de habitar a terra, uma vez que outras civilizações e outras sociedades já o fizeram antes de nós. A antropologia nos oferece o testemunho das múltiplas soluções encontradas para o problema da existência em comum. Uma vez que todas essas soluções foram imaginadas por homens, não é proibido pensar que nós também podemos imaginar formas novas, quem sabe até melhores, de viver juntos.

PERGUNTAS & RESPOSTAS

Gostaria de saber em que consiste a profissão de antropólogo. Falamos disso durante toda a conferência, mas talvez nem todo mundo tenha entendido muito bem.

Um antropólogo é alguém que procura fazer o inventário das diferentes formas de viver, formas que existem em grande número e que são muito diferentes entre si. E depois, com base nesse inventário, o antropólogo tenta elucidar os princípios que permitem dar conta dessas diversidades de costumes, de usos, de visões de mundo. Vocês puderam ver que os achuar, os índios cri ou os aborígines australianos não vivem como nós. Existem milhares e milhares de maneiras diferentes de se viver a condição humana. O que isso quer dizer? Ora, são maneiras de coabitar, de se casar, de conceber a morte, o nascimento, a doença, as formas de cooperar para obter recursos, para implantar uma autoridade mais ou menos coerciva. Às vezes, há um rei déspota com o direito de vida e de morte sobre seus súditos; outras vezes, não há sequer chefe, e a única autoridade reconhecida é o chefe de família. O trabalho dos antropólogos consiste em pôr um pouco de ordem nesse caos de costumes e instituições.

Mas como eles fazem esse inventário? Geralmente começam a carreira como eu comecei a minha, fazendo etnografia. É uma das etapas da antropologia. Etnografia é um termo que vem do grego: *éthnos* quer dizer povo e *graphein* significa escrever. Os antropólogos vão portanto a algum lugar e partilham a vida de um povo a fim de descrevê-la. Durante muito tempo, os antropólogos se interessaram por povos específicos, habitantes de partes do mundo pouco frequentadas pelos ocidentais: uma tribo da Amazônia ou da Nova Guiné, um vilarejo indígena nos planaltos dos Andes, um bairro de uma pequena cidade do Iêmen ou do Nepal. Mas um dos meus colegas realizou uma pesquisa etnográfica num navio de guerra da Marinha americana, que funciona como uma pequena sociedade. E hoje, as pesquisas podem ser até sobre uma delegacia de polícia ou sobre os torcedores de um time de futebol. Todos são conjuntos que possuem códigos próprios, regras e convenções, mesmo que não tenham necessariamente uma língua própria, como seria o caso de um povo isolado. Trata-se de partilhar, no cotidiano, a vida de um grupo humano durante vários meses ou até anos, procurando entender como essas pessoas se organizam entre si, descrevendo seus hábitos e suas instituições, quer dizer, os sistemas que eles inventaram para levar uma existência em comum. É o que chamamos de observação participante. Tudo isso está registrado em artigos e livros que os etnógrafos escrevem ao voltar de suas pesquisas. Em seguida, a partir dessa enorme massa de informação reunida em nossas bibliotecas, o antropólogo tenta entender os princípios que dão conta das diferenças entre as culturas. A antropologia se interessa pouco pelas semelhanças, pois conhecemos relativamente bem as semelhanças da espécie humana. São sobretudo outras ciências, como a biologia e a psicologia, que procuram pôr essas semelhanças em evidência. Sabemos que todos os humanos se parecem no que diz respeito às suas características e capacidades biológicas e mentais; o que os antropólogos procuram descobrir é por que, sendo tão próximos no plano físico, os humanos fazem e pensam coisas tão diferentes. Quais são os princípios de diferenciação das formas sociais e culturais? Essa é a questão que interessa aos antropólogos.

Qual é exatamente a diferença entre um etnólogo e um antropólogo?
Existe uma única ciência, a antropologia, mas ela compreende três etapas diferentes. É uma boa pergunta, pois poucos entendem para valer a diferença entre as três etapas. Mas você vai ver, é simples.

A etnografia constitui a primeira etapa. Aos 25 anos, você vai para os cafundós da Amazônia com a mochila nas costas e fica lá dois anos e meio com os achuar. Você aprende a língua deles, tenta entender o sistema de parentesco, como se alimentam, quais nomes dão às plantas e aos animais, por que movem guerra, a maneira como interpretam os sonhos etc. Você escreve uma tese de doutorado sobre eles, publica artigos, depois livros, e contribui assim para o conhecimento de uma tribo, os achuar, pertencentes a um conjunto étnico mais vasto, os jivaros, que reagrupam várias tribos, algumas das quais estudadas por colegas de outras nacionalidades. Todas as pesquisas, dezenas de livros e centenas de artigos resultam numa contribuição ao conhecimento de um grupo humano específico. Às vezes, quando um povo desaparece, dizimado pelas doenças ou pelos abusos coloniais, tudo o que podemos saber a seu respeito vem desse tipo de documento. É nisso que consiste a etnografia.

Podemos também dar um passo adiante e fazer etnologia, quer dizer, estabelecer comparações numa escala local. Essa é a segunda etapa. As sociedades ameríndias da Amazônia possuem certos pontos comuns em suas formas de se organizar, de conceber o mundo, nos mitos que contam a respeito da origem dos tempos, nas técnicas de utilização do meio ambiente, no tipo de relação que estabelecem com os não humanos, no sistema de parentesco, na maneira de conceber e organizar o casamento, por exemplo. A partir das informações etnográficas disponíveis sobre cada uma das tribos, o etnólogo tenta compreender como certos traços comuns se distinguem dentro da escala da Amazônia. Ele tenta entender, assim, por que as regras do casamento nessa região apresentam diferenças sistemáticas em relação às praticadas na Melanésia, ou, ainda, por que os casos de linhagens — grupos de parentes que se reconhecem como descendentes de um mesmo ancestral — são tão raros ali e tão comuns na África ocidental. Em outras palavras, o etnólogo generaliza um pouco mais a partir da informação etnográfica recolhida não por ele próprio, mas por seus colegas, e tenta então elucidar os traços gerais de um sistema cultural dentro de uma escala regional e as diferenças que este apresenta quando comparado a outros sistemas mundo afora.

Agora vamos ao antropólogo. Repito que o antropólogo, o etnólogo e o etnógrafo são uma só pessoa. A partir da massa de informações relativas às diferentes regiões do mundo, o antropólogo tenta entender os fenômenos mais amplos, ou seja, não mais a diferença entre os sistemas de casamento da Amazônia e da Nova Guiné, mas entre os da Amazônia, da Nova Guiné, da Austrália, da África ocidental, da Europa cristã, do México antigo etc. Isso supõe um trabalho considerável de leitura e de documentação, além de um esforço ainda maior de pôr ordem em uma infinidade de dados disparatados e de tentar destacar os princípios que permitem ordenar as diferenças culturais encontradas nesses dados. Quanto ao meu caso, por exemplo, faz seis anos que não faço pesquisa de campo. Atualmente, faço cada vez mais antropologia e cada vez menos etnografia. Estou interessado agora nas diferentes formas que as relações entre humanos e não humanos podem assumir, não apenas na Amazônia, onde tive uma experiência direta, mas também na Austrália, na Sibéria ou na Grécia antiga, culturas que só conheço pelas leituras que fiz. Com base nisso, propus que há no mundo quatro grandes formas de se conceber as relações com os não humanos, essencialmente as plantas e os animais. A primeira delas consiste em pensar que os não humanos possuem uma alma ou uma consciência idêntica à dos humanos, distinguindo-se entre si pelo fato de terem corpos diferentes que lhes permitem viver em meios diferentes. Esse é o caso na Amazônia. A segunda forma consiste em pensar que os humanos são os únicos seres dotados de razão, mas que eles não se distinguem dos não humanos no que diz respeito ao aspecto físico. Esse é o nosso caso há alguns séculos. A terceira forma consiste em pensar que os humanos e os não humanos compartilham qualidades físicas e morais idênticas que se distinguem de outros conjuntos de qualidades físicas e morais compartilhadas por outros conjuntos de humanos e de não humanos. É o caso na Austrália. A última forma consiste em pensar que cada humano e cada não humano é diferente de todos os outros, mas que é capaz de manter com os outros relações de analogia (maior ou menor, mais quente ou mais frio etc.). Esse é o caso na China ou no México. Essa proposta é antropológica, uma vez que se aplica a toda a humanidade, mas ela é o resultado de perguntas que eu me fiz durante o trabalho etnológico na Amazônia, que por sua vez decorre da pesquisa etnográfica com os achuar. São três etapas de uma mesma ciência, três níveis de ampliação dos fenômenos que estudamos.

Eu tenho mais uma pergunta. Por que o homem dito ocidental não evoluiu no passado do mesmo jeito que os aborígines ou os achuar?

Esta é uma pergunta difícil e, para dizer a verdade, não temos uma resposta simples para ela. Façamos um pequeno panorama histórico. Os europeus começaram a se interessar relativamente tarde por essas questões antropológicas referentes à evolução cultural e, do ponto de vista histórico, a antropologia não existe fora da Europa. A China não fez antropologia, apesar de ser uma civilização muito desenvolvida, com homens letrados, intelectuais, cientistas e instituições complexas. Mas não se interessou pelas diferenças culturais, pois via o mundo à maneira chinesa. A mesma coisa se deu na Europa. Víamos o mundo à maneira ocidental, cristã, e o resto não era mais que uma periferia um pouco esquisita: selvagens e bárbaros. Começamos a mudar um pouco com o período das grandes viagens de exploração, isto é, com a primeira expansão colonial da Europa no século XVI. Percebemos que o mundo era vasto e que existiam povos muito diferentes de nós. Começamos a nos perguntar por que e em que eles eram diferentes. Foi nessa época que brotaram as primeiras sementes da antropologia, não sob forma científica, mas filosófica. Grandes pensadores, como Montaigne, Pascal, Montesquieu, Diderot ou Rousseau, se interessaram por esse problema, ainda que não tentassem respondê-lo de maneira sistemática por meio de pesquisas sobre como viviam essas pessoas tão diferentes de nós. Fosse como fosse, dispunham de informações, uma vez que a conquista das Américas já havia fornecido documentação sobre os ameríndios desde o século XVII e, principalmente, no século XVIII. Sabíamos então certas coisas, sobretudo graças aos documentos dos missionários e aos inquéritos administrativos, mas ninguém ainda tinha pensado em fazer disso matéria de um trabalho de comparação sistemática. Foi a partir do final do século XVIII e, sobretudo, no século XIX que os europeus e os norte-americanos começaram de fato a formular a questão em termos científicos, realizando pesquisas sistemáticas em todas as regiões do mundo e fazendo o inventário das maneiras de viver.

Nessa época, a questão da diversidade cultural era explicada por meio de ritmos de evolução distintos: os povos então chamados de "primitivos", para evidenciar sua proximidade com os primeiros tempos da humanidade, eram tidos por pouco evoluídos em comparação aos europeus, que se julgavam no mais alto grau da escala de evolução em termos de progresso. Porém, quando raciocinamos assim, supomos que o estado atual em que nos encontramos é o produto de uma evolução contínua, ao passo que outros povos, os aborígines australianos, por exemplo, não teriam evoluído. Ora, os aborígines australianos têm 50 mil anos de história, só que a história deles é diferente da nossa. E dessa história, que não pode ser medida pelos nossos critérios, sabemos muito pouco por falta de documentos escritos. A arqueologia nos permite saber como e quando a Austrália foi povoada, o estudo das línguas nos permite reconstruir rotas de difusão, mas quase nada sabemos sobre o que aconteceu ao longo desses 50 mil anos. Apesar disso, durante esse longo período, os aborígines inventaram instituições originais; por exemplo, sistemas de casamento tão incrivelmente complicados que necessitamos de ferramentas matemáticas complexas para modelizá-los. Só não inventaram instituições ou objetos comparáveis aos nossos. Não criaram estados, tribunais ou automóveis. E, na medida em que são as nossas instituições e os nossos objetos que nos parecem ser o resultado ou o ápice da evolução, não conseguimos conceber que os aborígines australianos também tenham conhecido uma longa evolução. É por isso que os europeus se perguntaram por que eles próprios, e não os outros, haviam evoluído. Ora, os outros também evoluíram, só que de outra maneira.

Podemos nos fazer outra pergunta, parecida com a que você me fez. Vamos tomar o exemplo da China, uma grande civilização, um grande império com certos sistemas técnicos muito antigos, pessoas que desenvolveram diversas ciências, principalmente a matemática, a astronomia, a química, a lógica, mas que apesar disso tudo não conheceu a decolagem técnica da Europa, nem a importante revolução científica do século XVII. Até o século XVI, do ponto de vista técnico, não existia grande diferença entre a Europa e a China. Aliás, na verdade, era a China que estava na frente. Ainda estamos tentando entender as razões dessa extraordinária decolagem das ciências e das técnicas no século XVII, por que ela aconteceu justamente na Europa.

Quem sabe haja um começo de resposta naquilo que tentei desenvolver durante esta conferência. Se considerarmos que o meio ambiente, a atmosfera, as plantas e as rochas são exteriores a nós, isso tudo se torna um terreno de investigação, de pesquisa. Temos então a sensação de que é mais fácil jogar com esse terreno, transformá-lo. Não era o caso na China, onde durante muito tempo se pensou que existiam múltiplas ligações entre os humanos e o resto do mundo. Assim, era preciso encontrar um equilíbrio entre aquilo que se chamava de microcosmo e de macrocosmo. O microcosmo é o homem considerado como um tipo de modelo em miniatura do universo. Essa visão não permite conceber o mundo como algo exterior sobre o qual podemos conduzir experimentos. A grande diferença entre a ciência chinesa e a ciência que começou a se desenvolver na Europa no século XVII reside no fato de que, tomando distância e inventando a natureza, os humanos transformaram essa natureza, fizeram dela um campo de experimentos. Criar fenômenos inventando aparelhos que pudessem produzi-los e medi-los era algo muito novo. É o que vocês fazem nas aulas de física ou de química quando imaginam perguntas às quais responderão fazendo experimentos, produzindo reações químicas ou criando vácuo num recipiente. Essa foi a fonte do desenvolvimento das ciências. É preciso estar atento ao fato de que não foi o desenvolvimento das ciências que mudou a ideia que temos da natureza, mas o contrário: o desenvolvimento científico somente foi possível quando a natureza passou a ser algo exterior aos humanos na Europa do final da Renascença. Na sequência, um movimento divergente se declarou, de forma que a Europa e, mais tarde, o mundo ocidental se destacaram do restante do mundo.

Gostaria de fazer uma pergunta a respeito do contato entre o antropólogo e as sociedades que ele visita. Como isso acontece? Como as pessoas reagem? De que maneira elas o veem como portador de uma outra cultura? Isso faz com que elas próprias questionem a cultura delas?

As situações variam muito segundo o tipo de sociedade que visitamos. Minha experiência é um tanto particular, pois os achuar não haviam tido quase nenhuma relação com o mundo exterior. Eles viviam a poucas centenas de quilômetros dos Andes, mas numa região da Amazônia equatoriana muito acidentada e de difícil acesso, de forma que os primeiros contatos pacíficos haviam acontecido apenas cinco ou seis anos antes. Os achuar eram, portanto, muito isolados e possuíam poucos conhecimentos sobre o mundo exterior. Eu fui para lá com minha mulher. Éramos, portanto, um casal e, de certa forma, a situação era menos estranha que se eu tivesse ido sozinho ou se uma colega tivesse ido sozinha, pois não há solteiros nessas sociedades. Os jovens se casam muito cedo; há viúvos e viúvas, mas eles voltam a se casar bastante rápido. Um homem só ou um mulher só são tidos como pessoas realmente esquisitas. Um casal era uma imagem mais familiar para eles.

Durante nossas conversas, passávamos mais tempo respondendo às perguntas que eles nos faziam sobre o mundo de onde vínhamos do que fazendo perguntas sobre o mundo deles. Aqui eu me permito um parêntese: um antropólogo só começa a realizar um bom trabalho a partir do momento em que para de fazer perguntas, quando se contenta em escutar o que as pessoas dizem e tenta entender o que fazem, pois fazer uma pergunta já é um pouco definir a resposta. Mesmo que no início seja indispensável fazer perguntas. Nós respondíamos então às interrogações deles, ainda que fosse muito difícil fazê-los imaginar como era o mundo de onde vínhamos; eles nos viam como representantes de uma tribo vizinha, ainda que um pouco distante, dotados de grande poder de fabricar objetos manufaturados. Os achuar têm até um mito para explicar como os brancos, e não eles, obtiveram esses objetos manufaturados. Para eles, nós fazíamos parte dessa tribo, e provavelmente eles se davam conta de que existiam várias outras tribos de brancos, uma vez que missionários italianos passavam por lá de tempos em tempos. Para os achuar, era evidente que se tratava de uma outra tribo, afinal os missionários usavam batina, ao contrário de nós. Missionários protestantes americanos também passavam por lá e falavam entre si uma língua que não era a nossa. Naquela época, eu fumava, e os missionários protestantes não apreciavam o fumo, que é para eles algo diabólico, e insistiam muito que os índios não fumassem. Como vem dessa região do mundo, o fumo fazia parte da vida cotidiana. Os achuar desconfiavam então que deviam existir várias outras tribos de brancos, que estas falavam línguas diferentes e que seus membros nem sempre se entendiam perfeitamente entre si. Mas, no espírito dos achuar, nós não vínhamos de muito longe, vínhamos de apenas algumas dezenas de dias de caminhada. Não faziam ideia de que eram eles mesmos uma espécie de ilhota no meio de um vasto mundo em vias de ocidentalização.

A par do meu caso, há também os antropólogos que estudam sociedades que estão há muito tempo em contato com o mundo exterior. As coisas mudam muito rapidamente hoje em dia com a globalização das trocas, a mundialização, a transformação das técnicas e os telefones via satélite alimentados por painéis solares. Isso permite que certas pessoas nos rincões da Amazônia mantenham contato com o restante do mundo. As coisas, portanto, mudam muito rápido, e a gama de situações é imensa.

De modo geral, a influência dos antropólogos sobre as pessoas que visita é muito pequena, pois não somos nós os fatores de transformação. Como poderíamos sê-lo? Uma ou duas pessoas no máximo, imersas em populações de várias centenas ou milhares de pessoas, compartilhando em tudo a vida deles, comendo a mesma coisa que eles e dormindo em suas casas. Os que transtornam essas sociedades são os colonos que vêm tomar suas terras, as companhias petrolíferas que fazem perfurações, constroem estradas de acesso e poluem os solos, os garimpeiros clandestinos à procura de ouro e pedras preciosas, os grandes proprietários de terras que enviam capangas para incendiar vilarejos, ocupar terras e destruir a floresta para criar gado, os missionários que tentam convertê-los, o exército que às vezes precede os missionários. Há todo um conjunto de forças nesses lugares, por vezes também forças positivas, como as ONGs que começam a agir nessas regiões.

Quanto aos antropólogos, a influência deles é pequena, ainda mais porque quase sempre têm muita dificuldade para explicar a natureza do mundo de onde vêm, na falta de toda experiência direta daquilo de que falam. É muito difícil explicar o que vem a ser uma cidade a alguém que nunca viu uma. Eles não entendem. Os achuar têm belas casas, algumas tão grandes quanto este palco, casas que podem acolher trinta ou quarenta pessoas. Eles nos perguntam como é possível colocar uma casa como a deles em cima de outra casa, e esta sobre outra casa e mais outra. Evidentemente, é muito difícil imaginar a aparência das construções em cimento ou concreto. Da mesma forma, eles fazem suas necessidades nos jardins e as enterram com a ajuda de um bastão, o que não é um problema, dada a baixa densidade populacional. Eles nos perguntam como fazemos quando há muitas pessoas. A mesma coisa para a alimentação: eles não entendem como todas as pessoas conseguem se alimentar. A ideia de um mercado de alimentos, como disse antes, é uma invenção recente da humanidade, e seu princípio continua a ser um grande mistério para muita gente. É muito difícil fazê-los compreender esse tipo de coisa.

No sentido inverso, isso nos leva a questionar nossas próprias certezas. O mercado de alimentos é, para nós, a coisa mais normal do mundo. No entanto, ele não tem nada de evidente. E é justamente na hora em que estamos em campo que, por contraste, sua utilidade pode se manifestar. Pois a vida de etnólogo nem sempre é fácil: você vive na casa de pessoas sem saber quanto tempo poderá ficar por lá, você tem que andar muito para ir de uma casa a outra, às vezes vários dias, sem saber se irão aceitar hospedá-lo ou alimentá-lo, e, quando você parte por três ou cinco meses, não é possível se deslocar com alimentos. É preciso, portanto, contar com a boa vontade das pessoas com as quais vivemos. De volta à "civilização", o que encontramos? Eu ia até os achuar com um pequeno avião, geralmente militar. Descia numa base militar próxima à fronteira do Peru para, em seguida, fazer o restante do trajeto a pé ou de canoa. Quando voltava dos achuar, a primeira coisa que eu revia era o lugar de onde decolam esses pequenos aviões, cidades deploráveis com tetos de zinco situadas ao pé dos Andes, chamadas de frentes de colonização. Os colonos que descem as montanhas para tentar viver na Amazônia moram ali ou partem dali. Lá estão as bases militares, as petrolíferas, os missionários e até mesmo alguns turistas. Mas, de certa forma, essas pequenas cidades são também um reflexo do nosso mundo a cerca de trezentos quilômetros de onde vivem os achuar. E, quando voltávamos a essas cidades, nos dávamos conta de que ter dinheiro pode até ser bem útil, pois basta ir a um restaurante e sacar uma nota para logo ter o que comer. Era bem mais fácil do que os seis meses que acabávamos de passar entre os achuar, quando nem sempre sabíamos pela manhã se teríamos algo para comer à noite. Essa é uma experiência muito interessante de se fazer.

Agradeço pela exposição fascinante e tão esclarecedora. Gostaria de voltar às noções de ciência e de distanciamento do mundo, que são ideologias ocidentais, construções culturais. Essa perspectiva conduz a um verdadeiro questionamento da ciência, e eu gostaria de saber como essa análise antropológica é percebida pelas outras ciências ditas exatas. Como é acolhido esse discurso tão subversivo sobre o sistema científico e como seria possível pôr em dúvida os próprios cientistas?

Eu não ponho a ciência em dúvida, eu mesmo sou cientista. Acredito que o que faço respeite as regras do método científico, e o que eu digo não é, portanto, um julgamento da ciência. Mas acredito também que muitas vezes confundimos ciência com o que chamamos, em termos científicos, de cosmologia. De que se trata? Trata-se simplesmente da visão de mundo, da maneira como pensamos que nosso mundo está organizado. Quando afirmamos que o mundo se compõe de entidades naturais, de humanos e de objetos artificiais, enunciamos os princípios de uma cosmologia particular, isto é, da nossa. Outros povos não estabelecem tais distinções e veem o mundo segundo outras cosmologias. Nossa cosmologia tornou possível a ciência, mas é preciso entender que essa cosmologia não é em si mesma o produto de uma atividade científica. Ela é uma maneira de distribuir as entidades do mundo, ela é o fruto de uma certa época, que permitiu que as ciências se desenvolvessem. Essa cosmologia existe, e isso não é uma crítica à ciência. Mas é preciso admitir que ela não é universal. Nós podemos muito bem imaginar outras maneiras de viver e de ver o mundo com o concurso das ciências. Foi inclusive graças às ciências que tomamos consciência dos efeitos dramáticos do aquecimento global, graças aos glaciologistas, climatologistas, geólogos e matemáticos que produzem modelos. A ciência nos permite compreender qual é o estado de um sistema, no caso o mundo, num determinado momento, quais são as previsões sobre os estados futuros deste sistema em prazo mais ou menos longo e como fazer para modificar esses estados, se necessário. Esse último ponto não diz mais respeito à ciência, mas a todos nós, na medida em que conhecemos as críticas que a ciência dirige aos seus erros passados e podemos, como cidadãos, criticar o estado do mundo a partir dos conhecimentos científicos.

Um dos méritos da antropologia está em escapar à ideia de que o presente é eterno, que o mundo não é outra coisa senão esse teatro onde estamos hoje com nosso modo de pensar, nossas ideias comuns. Mas não, não é assim. Existem outras formas de pensar o mundo e outras formas de imaginar um futuro para esse mundo. É isso que a antropologia nos permite conceber. Por isso, eu não ponho as ciências em dúvida, o que seria absurdo; o que contesto é a ideia de que a cosmologia, que tornou as ciências possíveis, é ela própria científica. Não, ela não é, ela é histórica, como são todas as cosmologias.

O senhor falou sobre sociedades um pouco afastadas do mundo tal como nós o percebemos. Disse que pessoas como o senhor criaram um precedente, mas também às vezes militares ou pessoas que não têm necessariamente a mesma visão. O senhor não acha que esse precedente poderia destruir a diferença e a riqueza dessas sociedades?

Sim, esta é uma pergunta clássica, eu diria. Num primeiro momento, podemos achar que a mundialização é uma uniformização dos modos de vida. Mas essa uniformização leva a reações de defesa que tendem, ao contrário, a realçar o caráter distintivo que cada sociedade, cada coletivo ou cada grupo considera ser a marca de sua identidade. Existe então um duplo movimento: de um lado, tem-se de fato uma tendência à uniformização, tanto das técnicas como das maneiras de pensar, mas ela também leva a movimentos de reação contra essa uniformização, fazendo surgir as diferenças. Penso, todavia, que esse movimento de vaivém entre uniformização e reação de defesa acaba produzindo um empobrecimento das diferenças. Isso ficou evidente no curso dos últimos séculos.

Contudo, não é preciso ver a mundialização como uma ocidentalização generalizada. Quando, na Amazônia equatoriana, os achuar ou outros povos ameríndios começam a ter contato mais frequente com a sociedade nacional equatoriana, eles não se convertem por isso em adeptos do McDonald's. Onde se dá a transformação? Eles adquirem pouco a pouco hábitos e costumes da sociedade nacional equatoriana, mas esta sociedade nacional equatoriana não é a França, nem os Estados Unidos, nem a China. De certa forma, suas características culturais são, para os europeus, tão exóticas quanto as dos achuar. Do que elas são feitas? De coisas muito diversas nascidas progressivamente nos Andes por conta da miscigenação cultural colonial: certos estilos musicais, uma forma de falar espanhol com expressões provenientes da língua quíchua, a organização comunitária do trabalho nos vilarejos, o sistema de autoridades civis e religiosas no campo e nas pequenas cidades, certos pratos e certas bebidas e muitas outras coisas mais. É isso que os achuar e outras minorias nacionais recebem e adotam, e não um modelo europeu ou norte-americano. Esse efeito de homogeneização nacional é bastante claro em certas partes do mundo, mas não se trata de uma globalização no sentido de uma universalização de certas práticas.

Essa questão é ainda mais complicada quando se sabe que as minorias indígenas também são obrigadas a se adaptar às novas circunstâncias políticas mundiais. Por exemplo, certas organizações não governamentais (ONGs) ambientalistas são muito presentes na Amazônia. Elas são conduzidas por jovens ocidentais cheios de ímpeto que vão para lá a fim de proteger a floresta amazônica, mas que nem sempre sabem muito bem o que é a floresta amazônica ou o que são os índios. Uma vez lá, encontram os índios responsáveis pelas organizações indígenas que agora existem em todos os países da Amazônia. Eles debatem juntos, e os jovens dizem que vão ajudá-los a proteger a floresta. Estes têm um discurso ecológico que conhecemos bem, segundo o qual a Amazônia é o pulmão do planeta. Essa noção de pulmão do planeta é bastante abstrata para os índios, que querem antes de mais nada evitar que dezenas de milhares de colonos ou de garimpeiros ilegais venham fazer buracos em suas terras, cortar a floresta, expulsar os animais e poluir seus rios com mercúrio. Os índios acabam mantendo um discurso que é, na realidade, o discurso dos ambientalistas, que, por sua vez, pensam que esse é o discurso dos índios. Mas esse não é nem de longe o discurso dos índios, trata-se tão somente de um discurso genérico, geral, que todo mundo mantém por todo lado. É verdade que destruir a floresta na Amazônia tem consequências, sobretudo do ponto de vista local, microclimático e, em escala mais geral, tem evidentemente efeitos sobre a biodiversidade. Os índios acabam mantendo esse discurso, mas, em outras circunstâncias, eles diriam os tipos de coisas que eu descrevi para vocês. Bem entendido, se um índio caiapó vai a Brasília para discutir com o governo brasileiro a extensão da reserva caiapó, ou se vai a Paris para mobilizar as pessoas contra a construção de barragens que vão inundar suas terras, ele não vai contar que sonhou com um caititu. Não faria o menor sentido. Ele vai dizer que os índios são os guardiões da floresta sagrada porque todo mundo entende esse tipo de discurso. Isso não tem muita relação com o que os caiapós pensam, tem mais a ver com o que os ambientalistas pensam, e os caiapós têm todo interesse em se aliar aos ambientalistas. Vocês estão vendo, então, que esse sistema é complicado e que ele se estende à escala do planeta.

Gostaria de fazer uma pergunta sobre a antropologia nas sociedades ocidentais, sobre seu lugar e seu papel. O que o senhor pode nos dizer?
Não faço diferença entre sociologia e antropologia, acredito que as ciências sociais constituem um bloco único. Existem às vezes diferenças de método. Por exemplo, os sociólogos fazem um maior uso de dados estatísticos. Mas eu também conheço sociólogos que fazem a mesma coisa que os antropólogos, ou seja, participam da vida de algum tipo de coletividade a fim de compreender sua forma de viver.

Desse ponto de vista, acredito ser muito importante fazer antropologia em todos os lugares, inclusive entre nós mesmos. Como eu dizia há pouco, se decido fazer etnografia em uma comunidade, não vou à procura daquilo que já conheço; não vou pesquisar professores de antropologia, pois eu já conheço um pouco dessa coletividade. Por outro lado, posso ir fazer pesquisa de campo junto aos biólogos. Alguns alunos meus fazem isso, eles vão a um laboratório de biólogos e tentam entender como eles funcionam. É uma tribo muito curiosa, eles têm uma forma muito estranha de se organizar, de formatar os resultados, de legitimá-los e de brigar com outros biólogos. Isso se torna ainda mais interessante quando fazemos comparações. Há algum tempo, uma jovem colega fez um trabalho fascinante sobre os biólogos japoneses. Quando eles estão em congressos, aparentemente são como todo mundo, usam camisa branca, chamam uns aos outros de "professor", dizem os mesmos tipos de coisas, publicam nas mesmas revistas internacionais, *Nature*, *Science*, fazem as mesmas experiências, mas são completamente diferentes. Eles pesquisam, como tantos outros, a mosca drosófila, uma variedade de mosca que tem especial interesse para os biólogos. Existem muitos laboratórios no mundo, inclusive na França, que pesquisam um mesmo aspecto do comportamento dessa mosca; no entanto, os japoneses fazem coisas muito diferentes. Acho que esse tipo de trabalho é muito importante. Analisando as estatísticas, um sociólogo poderá dizer que os japoneses publicam mais numa tal revista e em tal língua, que eles fazem estudos mais longos que os biólogos americanos e que têm um nível de vida melhor que os biólogos franceses, ao passo que o etnólogo, ou o sociólogo que pratica a abordagem qualitativa, este irá viver junto às pessoas desse laboratório, irá anotar aquilo que dizem quando estão debruçadas sobre suas bancadas de laboratório e quando manipulam suas pipetas, irá escutar as conversas ao lado da máquina de café, irá aos congressos, irá observar suas famílias. E vai reconstituir um mundo. Não serão mais pessoas separadas em pequenos pedaços — é a crítica que se poderia fazer à sociologia clássica, que distingue a sociologia do consumo da sociologia política, a sociologia religiosa da sociologia do trabalho, a sociologia da família da sociologia da religião etc. Não somos fragmentos humanos dispersos, mas totalidades em interação, e é como tal que precisamos ser estudados.

Talvez devêssemos salientar também que nós, os antropólogos, não somos muito numerosos. O público e a mídia nos solicitam bastante, pois as questões abordadas pelos antropólogos interessam a todos. No último suplemento de fim de semana do jornal *Le Monde*, vocês podem ler a entrevista de uma grande pesquisadora, minha amiga Françoise Héritier — a quem sucedi no Collège de France —, sobre as raízes da distinção entre os homens e as mulheres. Foi também este o conteúdo de uma conferência que ela deu aqui mesmo. De fato, esse tipo de questão, ou a das relações entre o homem e o meio ambiente com a qual eu trabalho, é absolutamente crucial, e os antropólogos têm respostas originais para propor, uma vez que a base comparativa deles é muito vasta. Eles não pensam unicamente a respeito das sociedades industriais, mas a respeito de milhares de culturas muito diferentes umas das outras. Apesar disso, na França, somos pouco mais de trezentos antropólogos. Somos bem menos numerosos do que em outras ciências bem menos conhecidas. Resumindo, é preciso mais antropólogos para tentar entender melhor, sob todas as suas facetas, o mundo em que vivemos.

Só para terminar, e para entender melhor aquilo que o senhor disse no começo: a antropologia é mesmo própria do mundo ocidental?
Sim, eu acho que sim. A eficácia com a qual a Europa instaurou sua dominação colonial sobre grande parte do mundo vem daí, dessa curiosidade pelo outro, por compreender as diferenças, por sistematizá-las em classificações. Essa foi a tese desenvolvida há uns vinte anos pelo filósofo e linguista Tzvetan Todorov, e eu acho que ele tem razão. Contrariamente a outras civilizações, os europeus souberam unir o desejo de submeter ao desejo de conhecer, um reforçando o outro. Desse ponto de vista, a antropologia é, sem dúvida, filha da expansão colonial. Os achuar nos faziam muitas perguntas sobre nossa sociedade, mas o faziam porque nós estávamos lá, porque nós lhes oferecíamos a ocasião de satisfazer sua curiosidade; mas eles não viajam para fazer pesquisas. As grandes civilizações não ocidentais, como a China e a Índia, mas também os incas e os astecas, não estavam realmente

preocupadas com a ideia de compreender as maneiras de viver do outro e de fazer pesquisas em lugares distantes para entender os povos estrangeiros. Somente os grandes viajantes árabes, como Ibn Batuta ou Ibn Khaldun, são exceção. Dizemos sempre que foram os gregos que inventaram a antropologia, com Heródoto, mas foi somente a partir do século XVI que uma reflexão sistemática sobre a alteridade se estabeleceu no mundo ocidental.

Os índios faziam perguntas ao senhor?
Sim, é o que eu estava dizendo há pouco. Eles ficavam o tempo todo nos fazendo perguntas, mas tinham muita dificuldade para entender nossas respostas, e nós mesmos tínhamos muita dificuldade para formular nossas respostas. É o que chamamos de mal-entendido cultural. Às vezes respondíamos coisas que não tinham nada a ver com a pergunta; na realidade, eles estavam pensando em coisas completamente diferentes. Basta viajar um pouco para perceber que isso acontece o tempo todo.

É uma pergunta simples e talvez um pouco boba. O senhor afirmou que a antropologia é uma disciplina ocidental e, em seguida, disse que ela não existia na China. O que o senhor pode nos dizer a respeito do Japão em relação a essa disciplina?
Em linhas gerais, a situação é a mesma, a antropologia aparece por lá muito tarde. Como vocês sabem, o Japão

conheceu um longo período de fechamento, que terminou na segunda metade do século XIX. Na época, as elites japonesas escolheram adotar modelos ocidentais, em particular o desenvolvimento técnico e científico, a industrialização e certo tipo de organização administrativa. Foi uma escolha deliberada de política geral, mas o Japão permaneceu fechado durante todo o período que a precedeu. Por exemplo, pouquíssimos estrangeiros tinham o direito de colocar os pés no Japão, e aqueles que entravam lá sem permissão eram executados. Para os japoneses, o país oferecia recursos próprios para se desenvolver culturalmente e economicamente sem contar com a ajuda do mundo exterior, mesmo se sabemos que o Japão é, em diversos aspectos, muito dependente da China quanto às influências que o moldaram.

Na China, como no Japão, a antropologia chegou bastante tarde, talvez um pouquinho mais cedo no Japão por razões políticas, como na Europa. Tratava-se de compreender a diversidade local. Os primeiros estudos de antropologia no Japão foram realizados não sobre os japoneses, mas sobre as minorias, isto é, os ainos, ao norte, e, ao sul, nas ilhas Ryukyu, onde as populações são culturalmente e linguisticamente bastante diversas das do centro do arquipélago. A mesma coisa aconteceu na China; os primeiros trabalhos de etnografia estavam mais para estudos de folclore realizados não sobre a China Han, mas sobre os povos do sul do país que falam outras línguas e que possuem uma organização social muito diferente. Era preciso tentar entender, no próprio interior do império, os povos que não tinham nada a ver com os outros. Um dos meus colegas chineses fez uma tese, na França, sobre uma etnia do sul da China chamada Na e que se caracteriza por ser — no jargão de antropólogo — uma sociedade matrilinear e matrilocal, isto é, uma sociedade em que os estatutos, as propriedades, os nomes passam pelas mulheres, e na qual as pessoas moram em grupos organizados ao redor de mulheres. Apesar disso, são os homens que detêm o poder: não os pais, mas os irmãos. O casamento não existe, as mulheres recebem visitas esporádicas dos homens e as casas são organizadas ao redor de grupos de irmãs e irmãos. Os chineses tiveram muita dificuldade para entender e para aceitar isso, e tentaram então introduzir um sistema de casamento que estivesse mais em conformidade com a norma chinesa. Onde quer que tenham existido impérios, sejam eles dispersos no espaço, como os impérios coloniais europeus, ou agrupando povos muito diversos no interior de enormes unidades geográficas, como a China ou a Índia, encontramos as mesmas preocupações em relação ao controle, ao conhecimento e ao desejo de normatização de populações que parecem um pouco fora do comum. Mas essa preocupação nasceu mais tarde no Oriente, e, em boa medida, sob influência do Ocidente.

SOBRE A COLEÇÃO

Fábula: do verbo latino *fari*, "falar", como a sugerir que a fabulação é extensão natural da fala e, assim, tão elementar, diversa e escapadiça quanto esta; donde também falatório, rumor, diz que diz, mas também enredo, trama completa do que se tem para contar (*acta est fabula*, diziam mais uma vez os latinos, para pôr fim a uma encenação teatral); "narração inventada e composta de sucessos que nem são verdadeiros, nem verossímeis, mas com curiosa novidade admiráveis", define o padre Bluteau em seu *Vocabulário português e latino*; história para a infância, fora da medida da verdade, mas também história de deuses, heróis, gigantes, grei desmedida por definição; história sobre animais, para boi dormir, mas mesmo então todo cuidado é pouco, pois há sempre um lobo escondido (*lupus in fabula*) e, na verdade, "é de ti que trata a fábula", como adverte Horácio; patranha, prodígio, patrimônio; conto de intenção moral, mentira deslavada ou quem sabe apenas "mentira da gentil do que me falta", suspira Mário de Andrade em "Louvação da tarde"; início, como quer Valéry ao dizer, em diapasão bíblico, que "no início era a fábula"; ou destino, como quer Cortázar ao insinuar, no *Jogo da amarelinha*, que "tudo é escritura, quer dizer, fábula"; fábula dos poetas, das crianças, dos antigos, mas também dos filósofos, como sabe o Descartes do *Discurso do método* ("uma fábula") ou o Descartes do retrato que lhe pinta J. B. Weenix em 1647, segurando um calhamaço onde se entrelê um espantoso *Mundus est fabula*; ficção, não ficção e assim infinitamente; prosa, poesia, pensamento.

PROJETO EDITORIAL Samuel Titan Jr. / PROJETO GRÁFICO Raul Loureiro

SOBRE O AUTOR

Nascido em Paris em 1949, Philippe Descola é um dos principais antropólogos franceses de sua geração. Formado em filosofia pela École normale supérieure de Saint-Cloud, fez seu doutorado em antropologia na École pratique des hautes études, sob a orientação de Claude Lévi-Strauss, com uma tese baseada em seu trabalho de campo entre os achuar da Amazônia equatoriana, entre 1976 e 1979. Ensinou a partir de 1987 na École des hautes études en sciences sociales e, em 2000, foi nomeado para uma cátedra de antropologia no Collège de France. Suas pesquisas investigam os modos de socialização da natureza, a formação das noções de "natureza" e "cultura" e as diferentes ontologias que daí derivam. É autor de obras como *La nature domestique* (1986), *Les Lances du crépuscule* (1993; edição brasileira: *As lanças do crepúsculo*, 2006), *Par-delà nature et culture* (2005) e *La composition des mondes* (2014).

SOBRE A TRADUTORA

Cecília Ciscato nasceu em São Paulo, em 1977. Graduada em Letras pela Universidade de São Paulo (2011), é também mestre em Língua Francesa pela Université Paris Descartes (2015). Traduziu o *Discurso do prêmio Nobel de literatura 2014*, de Patrick Modiano (Rio de Janeiro: Rocco, 2015), e verteu, para a coleção Fábula, *Que emoção! Que emoção?*, de Georges Didi-Huberman (2016), *Outras naturezas, outras culturas*, de Philippe Descola (2016), *Como se revoltar?*, de Patrick Boucheron (2018), *O homem que plantava árvores*, de Jean Giono (2018, em colaboração com Samuel Titan Jr.) e *O tempo que passa (?)*, de Étienne Klein (2019).

SOBRE ESTE LIVRO

Outras naturezas, outras culturas, São Paulo, Editora 34, 2016 TÍTULO ORIGINAL *Diversité des natures, diversité des cultures*, Paris, Bayard, 2010 ©Philippe Descola, 2010 EDIÇÃO ORIGINAL ©Bayard, 2010 TRADUÇÃO ©Cecília Ciscato PREPARAÇÃO Leny Cordeiro REVISÃO Flávio Cintra do Amaral, Samuel Titan Jr. REVISÃO TÉCNICA Guilherme Sá PROJETO GRÁFICO Raul Loureiro ESTA EDIÇÃO ©Editora 34 Ltda., São Paulo; 1ª edição, 2016; 1ª reimpressão, 2021. A reprodução de qualquer folha deste livro é ilegal e configura apropriação indevida dos direitos intelectuais e patrimoniais do autor. A grafia foi atualizada segundo o Acordo Ortográfico da Língua Portuguesa de 1990, que entrou em vigor no Brasil em 2009.

CIP — Brasil. Catalogação-na-Fonte
(Sindicato Nacional dos Editores de Livros, RJ, Brasil)

Descola, Philippe, 1949
Outras naturezas, outras culturas /
Philippe Descola; tradução de Cecília Ciscato —
São Paulo: Editora 34, 2016 (1ª Edição), (1ª Reimpressão).
64 p. (Coleção Fábula)

Tradução de: Diversité des natures, diversité des cultures

ISBN 978-85-7326-643-6

1. Ensaio francês. 2. Antropologia cultural.
I. Ciscato, Cecília. II. Título. III. Série.

CDD-306

TIPOLOGIA Fakt PAPEL Pólen Bold 90 g/m²
IMPRESSÃO Edições Loyola, em maio de 2021 TIRAGEM 2.000

Editora 34
Editora 34 Ltda. Rua Hungria, 592
Jardim Europa CEP 01455-000
São Paulo — SP Brasil
TEL/FAX (11) 3811-6777
www.editora34.com.br